Mikroabenteuer Tagebuch

Ausfüllbuch für außergewöhnliche Erlebnisse

Die Hafenprinzessin

Dieses Buch gehört:

_____

Über mich und meine Outdoorleidenschaft:

_____

_____

Mein Equipment:

_____

_____

Impressum

© 2020 youneo projects flick und weber GbR

Verantwortlich

Christian Flick / Mathias Weber

youneo projects flick und weber GbR, Poststraße 1, 49326 Melle

info@youneoprojects.de, www.youneoprojects.de

Herstellung und Verlag

BoD - Books on Demand, Norderstedt

Bildquellen

© mervas/shutterstock (Cover), ddok/shutterstock, iHonn/shutterstock

Hafenprinzessin® ist eine eingetragene Marke der youneo projects flick und weber GbR.

ISBN: 9783751921084

Mein Mikroabenteuer ○ 😍 ○ ☺ ○ 😐 ○ ☹

Welches Abenteuer habe ich erlebt?

Zeitraum

Wetter   ○ ☀   ○ ⛅   ○ ☁   ○ 🌧   ○ ⚡   ○ ❄

Start

Ziel

Wer war dabei? Welche Erlebnisse sind besonders erwähnenswert?

Mein Mikroabenteuer ○ 😍 ○ ☺ ○ 😐 ○ ☹

Welches Abenteuer habe ich erlebt? ....

Zeitraum ....

Wetter ○ ☀ ○ ⛅ ○ ☁ ○ 🌧 ○ ⚡ ○ ❄

Start ....

Ziel ....

Wer war dabei? Welche Erlebnisse sind besonders erwähnenswert?

....

....

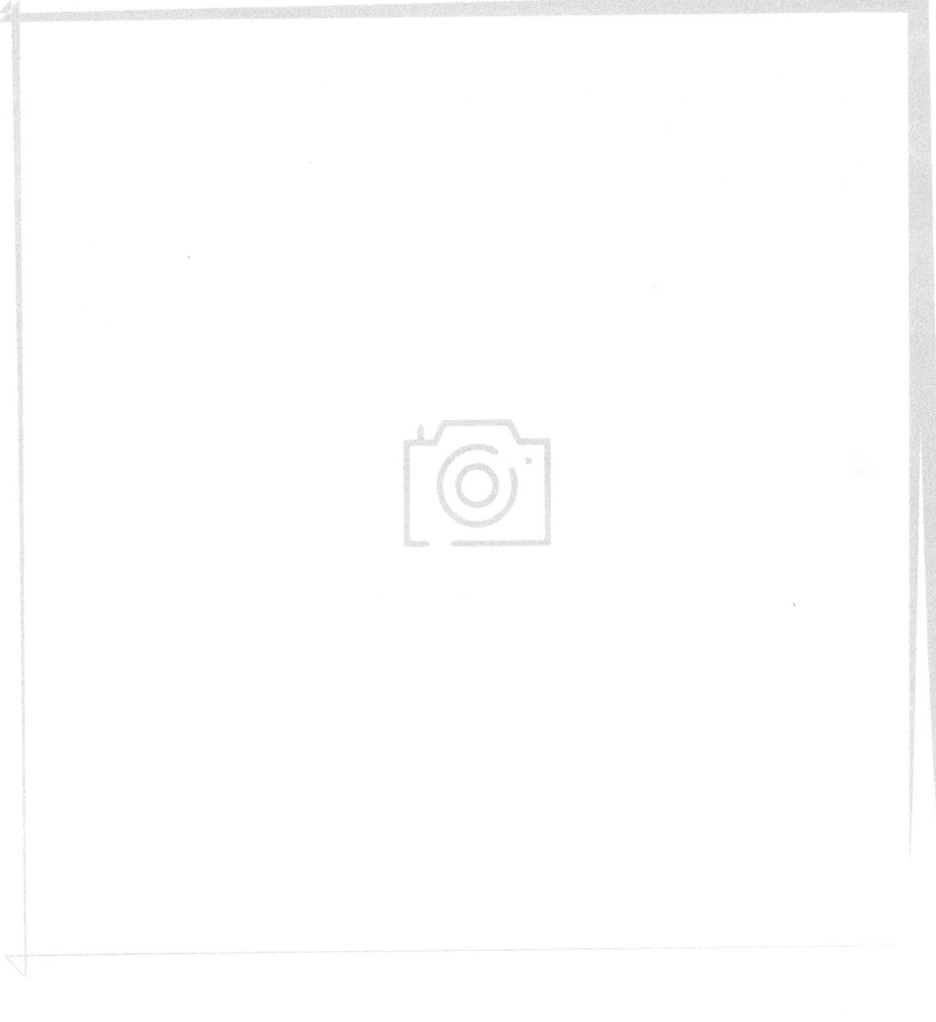

9

Mein Mikroabenteuer ○ 😍   ○ 🙂   ○ 😐   ○ 🙁

Welches Abenteuer habe ich erlebt? _____

Zeitraum _____

Wetter   ○ ☀   ○ ⛅   ○ ☁   ○ 🌧   ○ ⚡   ○ ❄

Start _____

Ziel _____

Wer war dabei? Welche Erlebnisse sind besonders erwähnenswert?

_____

_____

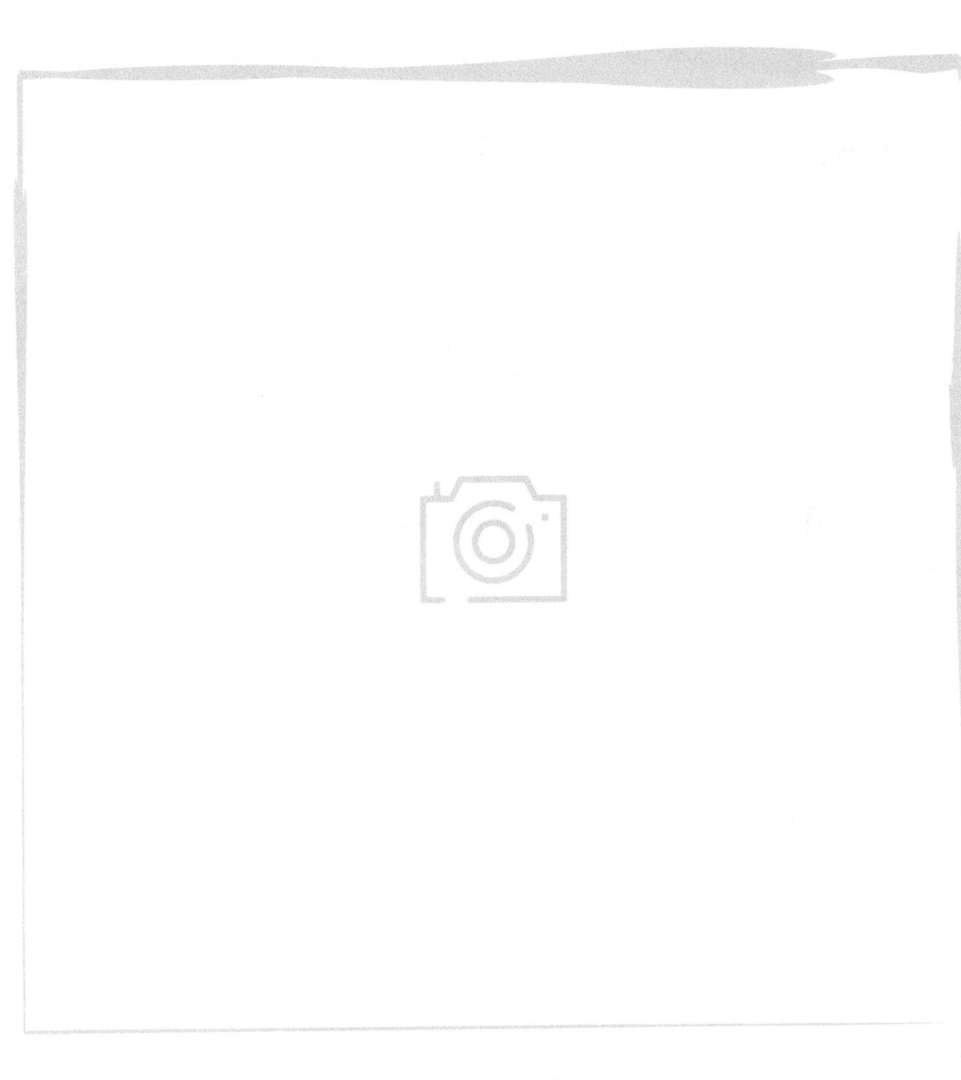

Mein Mikroabenteuer ○ 😎　○ ☺　○ 😐　○ ☹

Welches Abenteuer habe ich erlebt? _____

Zeitraum _____

Wetter　　　○ ☀　　○ ⛅　　○ ☁　　○ 🌧　　○ ⚡　　○ ❄

Start _____

Ziel _____

Wer war dabei? Welche Erlebnisse sind besonders erwähnenswert?

_____

_____

Mein Mikroabenteuer ○ 😍 ○ 🙂 ○ 😐 ○ ☹️

Welches Abenteuer habe ich erlebt?

Zeitraum

Wetter ○ ☀️ ○ ⛅ ○ ☁️ ○ 🌧️ ○ ⚡ ○ ❄️

Start

Ziel

Wer war dabei? Welche Erlebnisse sind besonders erwähnenswert?

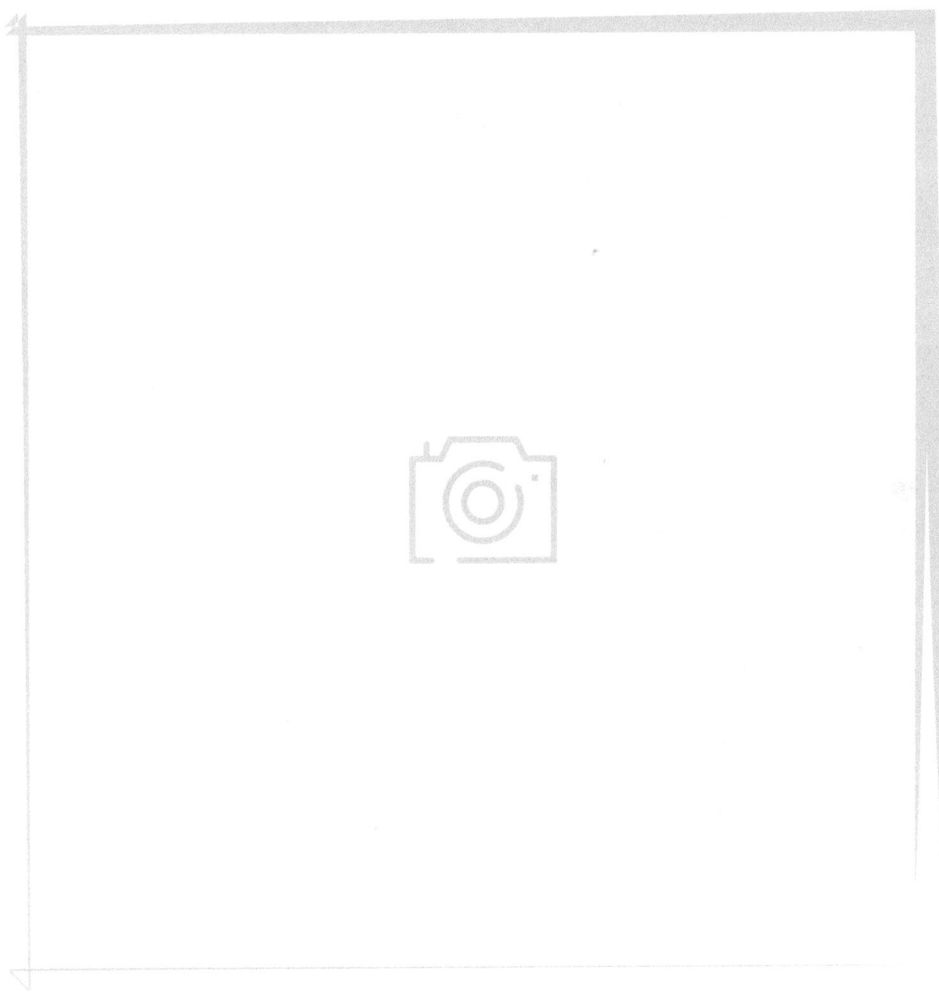

Mein Mikroabenteuer   ○ 😍   ○ ☺   ○ 😐   ○ ☹

Welches Abenteuer habe ich erlebt? _____

Zeitraum _____

Wetter   ○ ☀   ○ ⛅   ○ ☁   ○ 🌧   ○ ⚡   ○ ❄

Start _____

Ziel _____

Wer war dabei? Welche Erlebnisse sind besonders erwähnenswert?

_____

_____

17

Mein Mikroabenteuer ○ 😍 ○ 🙂 ○ 😐 ○ 🙁

Welches Abenteuer habe ich erlebt? ....

Zeitraum ....

Wetter ○ ☀ ○ ⛅ ○ ☁ ○ 🌧 ○ ⚡ ○ ❄

Start ....

Ziel ....

Wer war dabei? Welche Erlebnisse sind besonders erwähnenswert?

19

Mein Mikroabenteuer ○ 😍 ○ ☺ ○ 😐 ○ ☹

Welches Abenteuer habe ich erlebt?

Zeitraum

Wetter   ○ ☀ ○ ⛅ ○ ☁ ○ 🌧 ○ ⚡ ○ ❄

Start

Ziel

Wer war dabei? Welche Erlebnisse sind besonders erwähnenswert?

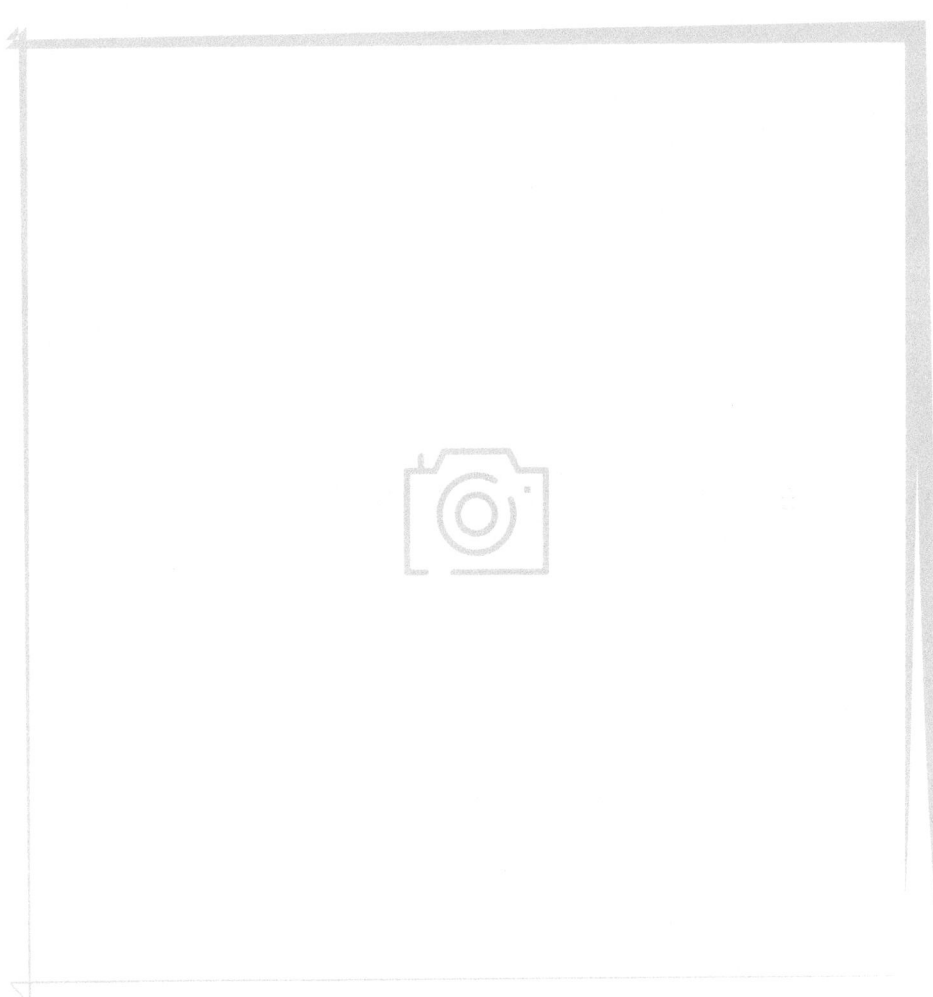

Mein Mikroabenteuer   ○ 😍   ○ ☺   ○ 😐   ○ ☹

Welches Abenteuer habe ich erlebt?

Zeitraum

Wetter   ○ ☀   ○ ⛅   ○ ☁   ○ 🌧   ○ ⚡   ○ ❄

Start

Ziel

Wer war dabei? Welche Erlebnisse sind besonders erwähnenswert?

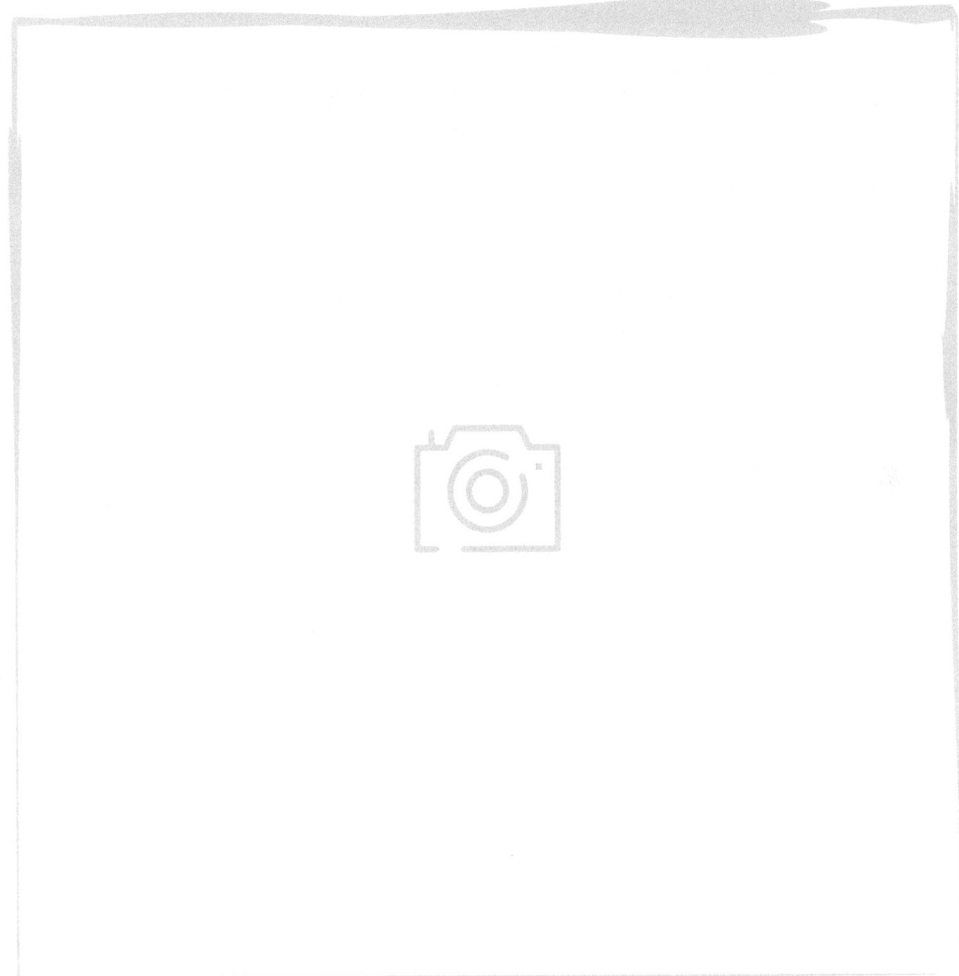

Mein Mikroabenteuer ○ 😍 ○ ☺ ○ 😐 ○ ☹

Welches Abenteuer habe ich erlebt?

Zeitraum

Wetter ○ ☀ ○ ⛅ ○ ☁ ○ 🌧 ○ ⚡ ○ ❄

Start

Ziel

Wer war dabei? Welche Erlebnisse sind besonders erwähnenswert?

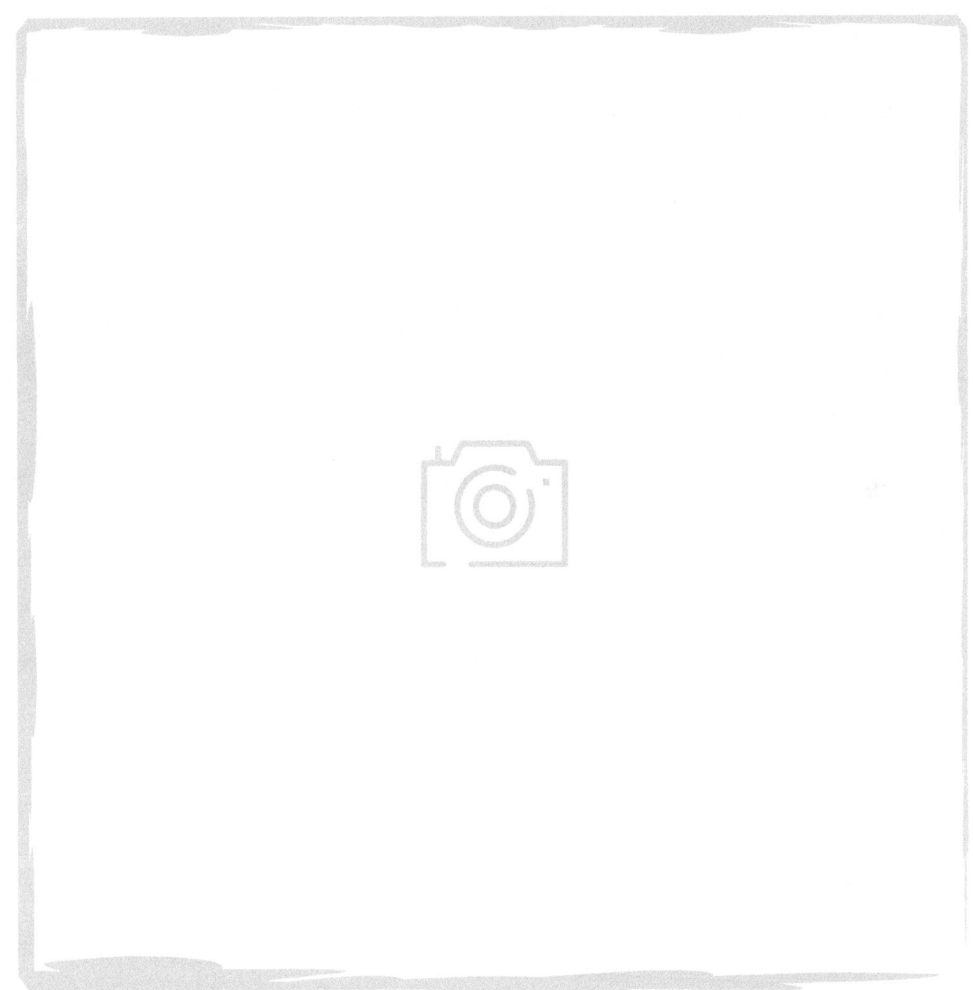

Mein Mikroabenteuer ○ 😍   ○ ☺   ○ 😐   ○ ☹

Welches Abenteuer habe ich erlebt?

Zeitraum

Wetter   ○ ☀   ○ ⛅   ○ ☁   ○ 🌧   ○ ⚡   ○ ❄

Start

Ziel

Wer war dabei? Welche Erlebnisse sind besonders erwähnenswert?

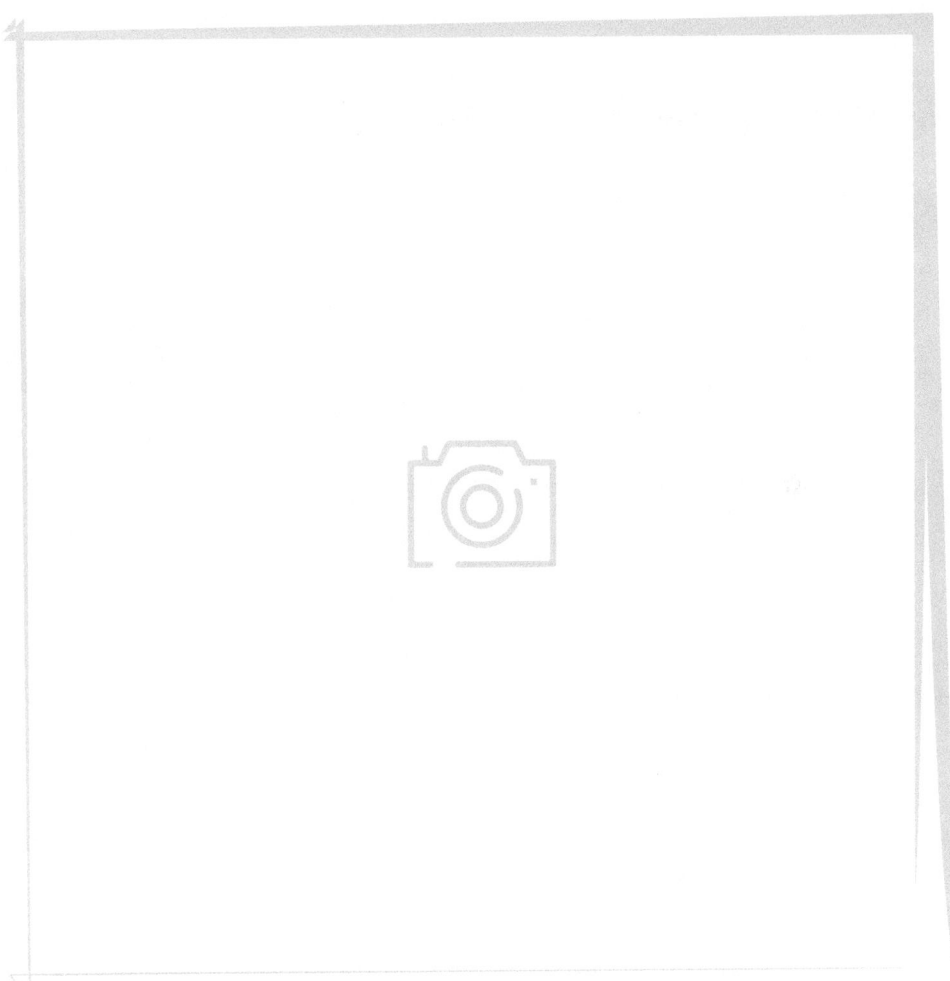

Mein Mikroabenteuer ○ 😍   ○ 🙂   ○ 😐   ○ 🙁

Welches Abenteuer habe ich erlebt? ....

Zeitraum ....

Wetter   ○ ☀   ○ 🌤   ○ ☁   ○ 🌧   ○ ⚡   ○ ❄

Start ....

Ziel ....

Wer war dabei? Welche Erlebnisse sind besonders erwähnenswert?

....

....

Mein Mikroabenteuer ○ 😍   ○ 🙂   ○ 😐   ○ 🙁

Welches Abenteuer habe ich erlebt?

Zeitraum

Wetter   ○ ☀   ○ 🌤   ○ ☁   ○ 🌧   ○ ⚡   ○ ❄

Start

Ziel

Wer war dabei? Welche Erlebnisse sind besonders erwähnenswert?

Mein Mikroabenteuer ○ 😍　○ ☺　○ 😐　○ ☹

Welches Abenteuer habe ich erlebt?

Zeitraum

Wetter　　　○ ☀　　○ ⛅　　○ ☁　　○ 🌧　　○ ⚡　　○ ❄

Start

Ziel

Wer war dabei? Welche Erlebnisse sind besonders erwähnenswert?

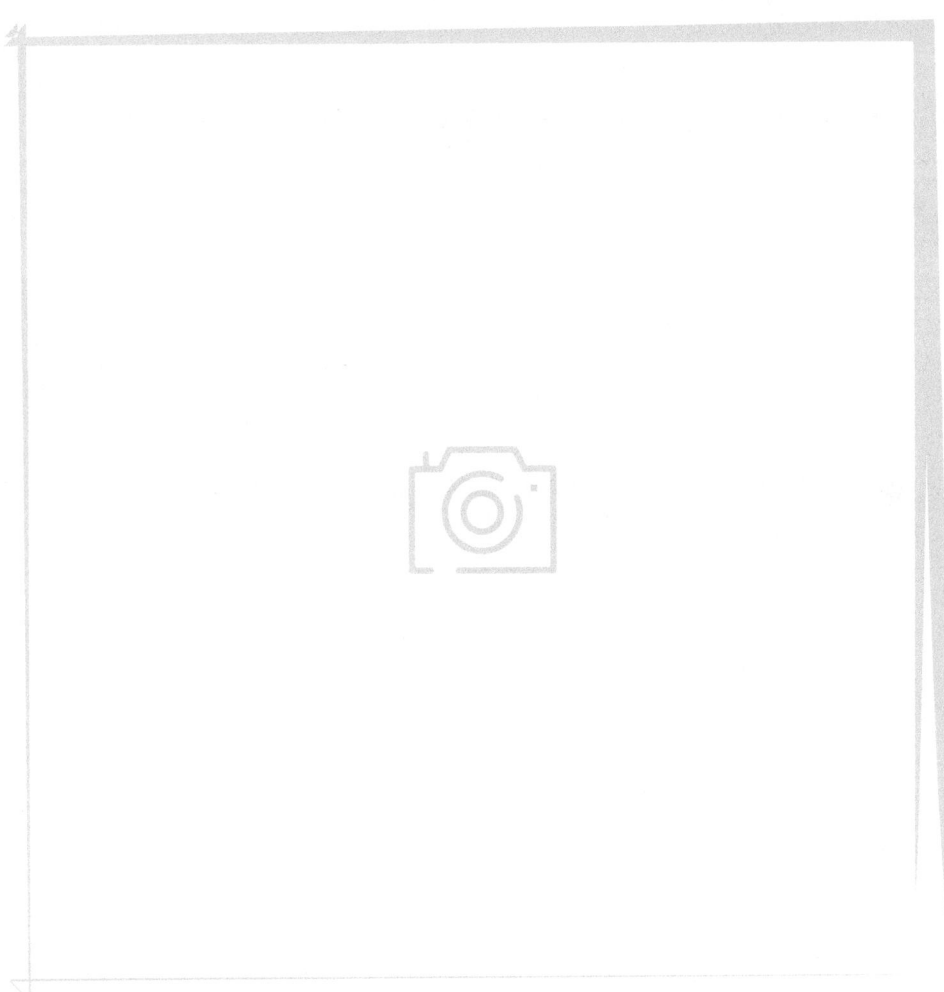

Mein Mikroabenteuer ○ 😍 ○ ☺ ○ 😐 ○ ☹

Welches Abenteuer habe ich erlebt? ....

Zeitraum ....

Wetter　　　　○ ☀　　○ ⛅　　○ ☁　　○ 🌧　　○ ⚡　　○ ❄

Start ....

Ziel ....

Wer war dabei? Welche Erlebnisse sind besonders erwähnenswert?

....

....

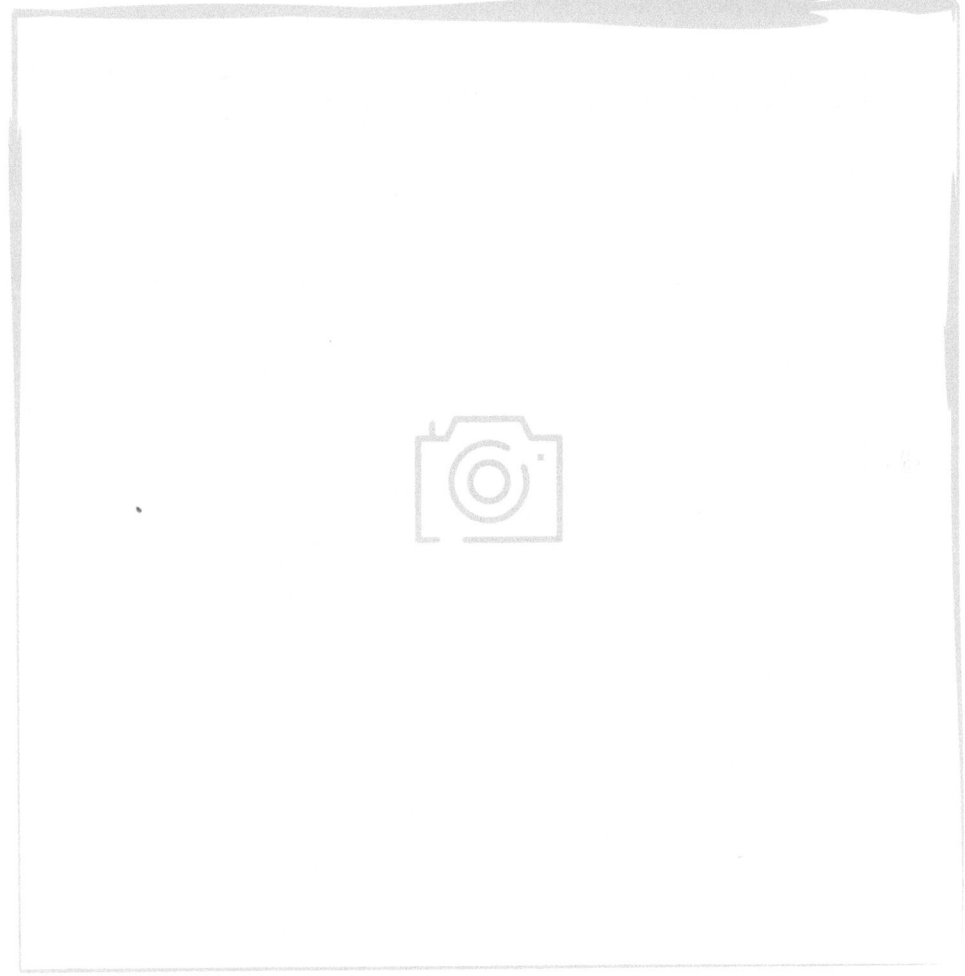

Mein Mikroabenteuer ○ 😍 ○ ☺ ○ 😐 ○ ☹

Welches Abenteuer habe ich erlebt?

Zeitraum

Wetter   ○ ☀   ○ ⛅   ○ ☁   ○ 🌧   ○ ⚡   ○ ❄

Start

Ziel

Wer war dabei? Welche Erlebnisse sind besonders erwähnenswert?

Mein Mikroabenteuer ○ 😍 ○ 🙂 ○ 😐 ○ ☹️

Welches Abenteuer habe ich erlebt? ....

Zeitraum ....

Wetter   ○ ☀️   ○ ⛅   ○ ☁️   ○ 🌧️   ○ ⚡   ○ ❄️

Start ....

Ziel ....

Wer war dabei? Welche Erlebnisse sind besonders erwähnenswert?

....

....

Mein Mikroabenteuer ○ 😍   ○ ☺   ○ 😐   ○ ☹

Welches Abenteuer habe ich erlebt? ....

Zeitraum ....

Wetter   ○ ☀   ○ ⛅   ○ ☁   ○ 🌧   ○ ⚡   ○ ❄

Start ....

Ziel ....

Wer war dabei? Welche Erlebnisse sind besonders erwähnenswert?

....

....

....

Mein Mikroabenteuer ○ 😍   ○ ☺   ○ 😐   ○ ☹

Welches Abenteuer habe ich erlebt? _____

Zeitraum _____

Wetter   ○ ☀   ○ ⛅   ○ ☁   ○ 🌧   ○ ⚡   ○ ❄

Start _____

Ziel _____

Wer war dabei? Welche Erlebnisse sind besonders erwähnenswert?

_____

_____

Mein Mikroabenteuer ○ 😍 ○ 🙂 ○ 😐 ○ 🙁

Welches Abenteuer habe ich erlebt? ....

Zeitraum ....

Wetter   ○ ☀   ○ 🌤   ○ ☁   ○ 🌧   ○ ⚡   ○ ❄

Start ....

Ziel ....

Wer war dabei? Welche Erlebnisse sind besonders erwähnenswert?

....

....

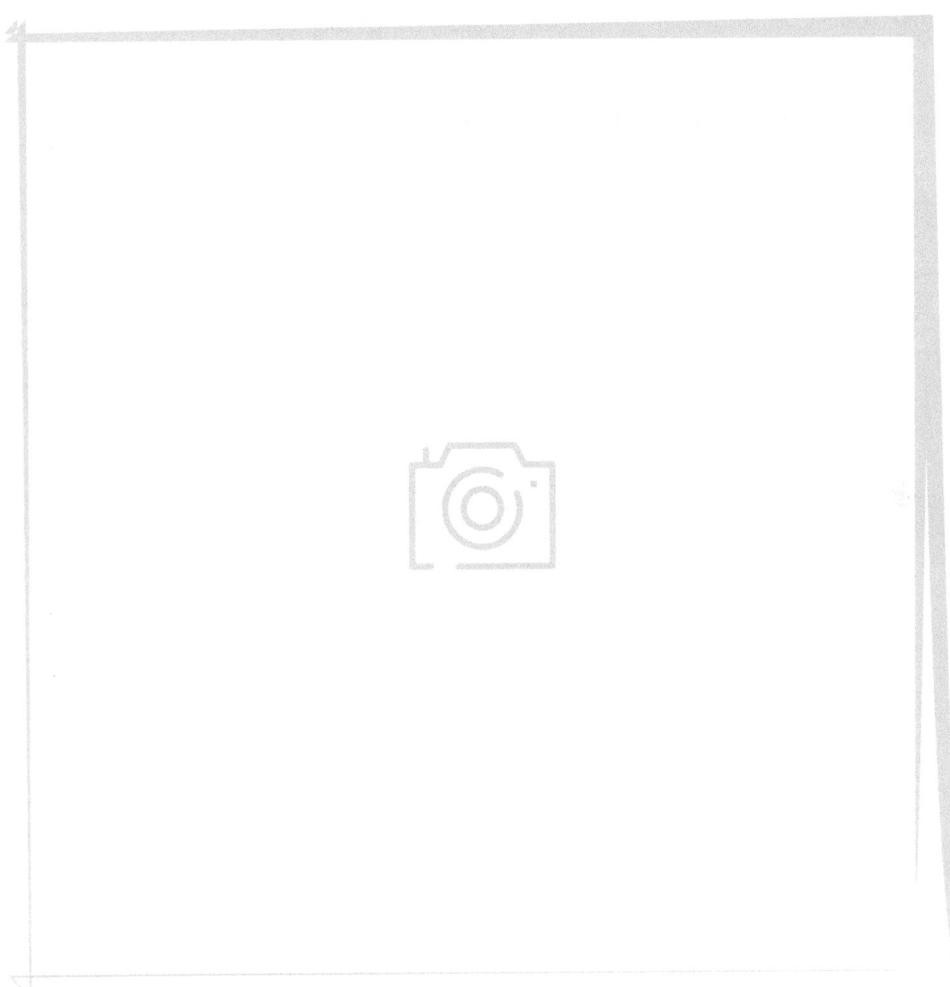

Mein Mikroabenteuer ○ 😍 ○ 🙂 ○ 😐 ○ ☹️

Welches Abenteuer habe ich erlebt? ....

Zeitraum ....

Wetter ○ ☀️ ○ 🌤️ ○ ☁️ ○ 🌧️ ○ ⚡ ○ ❄️

Start ....

Ziel ....

Wer war dabei? Welche Erlebnisse sind besonders erwähnenswert?

....

....

....

Mein Mikroabenteuer ○ 😍 ○ ☺ ○ 😐 ○ ☹

Welches Abenteuer habe ich erlebt? ....

Zeitraum ....

Wetter   ○ ☀   ○ 🌤   ○ ☁   ○ 🌧   ○ ⚡   ○ ❄

Start ....

Ziel ....

Wer war dabei? Welche Erlebnisse sind besonders erwähnenswert?

....

....

....

Mein Mikroabenteuer ○ 😍   ○ 🙂   ○ 😐   ○ 🙁

Welches Abenteuer habe ich erlebt?

Zeitraum

Wetter ○ ☀ ○ ⛅ ○ ☁ ○ 🌧 ○ ⚡ ○ ❄

Start

Ziel

Wer war dabei? Welche Erlebnisse sind besonders erwähnenswert?

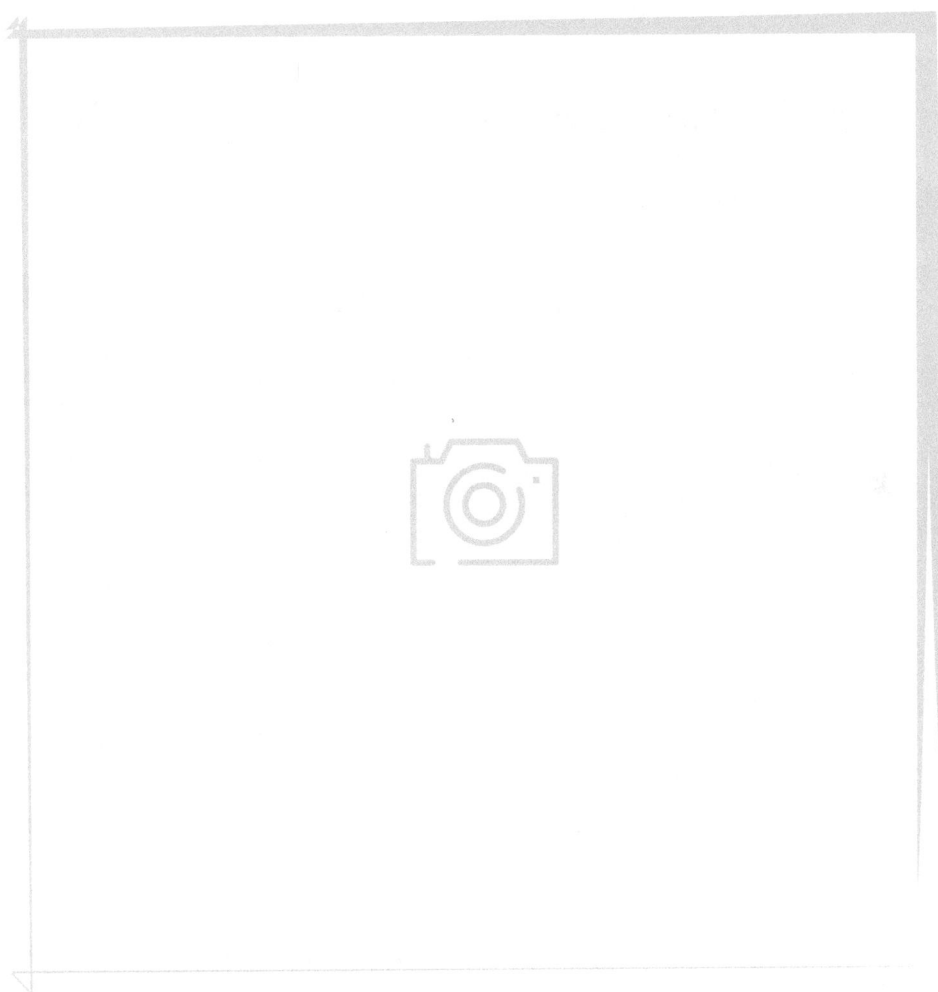

Mein Mikroabenteuer ○ 😍 ○ ☺ ○ 😐 ○ ☹

Welches Abenteuer habe ich erlebt? _____

Zeitraum _____

Wetter   ○ ☀   ○ ⛅   ○ ☁   ○ 🌧   ○ ⚡   ○ ❄

Start _____

Ziel _____

Wer war dabei? Welche Erlebnisse sind besonders erwähnenswert?

_____

_____

_____

Mein Mikroabenteuer ○ 😍   ○ 🙂   ○ 😐   ○ ☹️

Welches Abenteuer habe ich erlebt? ....

Zeitraum ....

Wetter   ○ ☀️   ○ ⛅   ○ ☁️   ○ 🌧️   ○ ⚡   ○ ❄️

Start ....

Ziel ....

Wer war dabei? Welche Erlebnisse sind besonders erwähnenswert?

....

....

Mein Mikroabenteuer ○ 😍　○ 🙂　○ 😐　○ 🙁

Welches Abenteuer habe ich erlebt? ....

Zeitraum ....

Wetter   ○ ☀   ○ 🌥   ○ ☁   ○ 🌧   ○ ⚡   ○ ❄

Start ....

Ziel ....

Wer war dabei? Welche Erlebnisse sind besonders erwähnenswert?

....

....

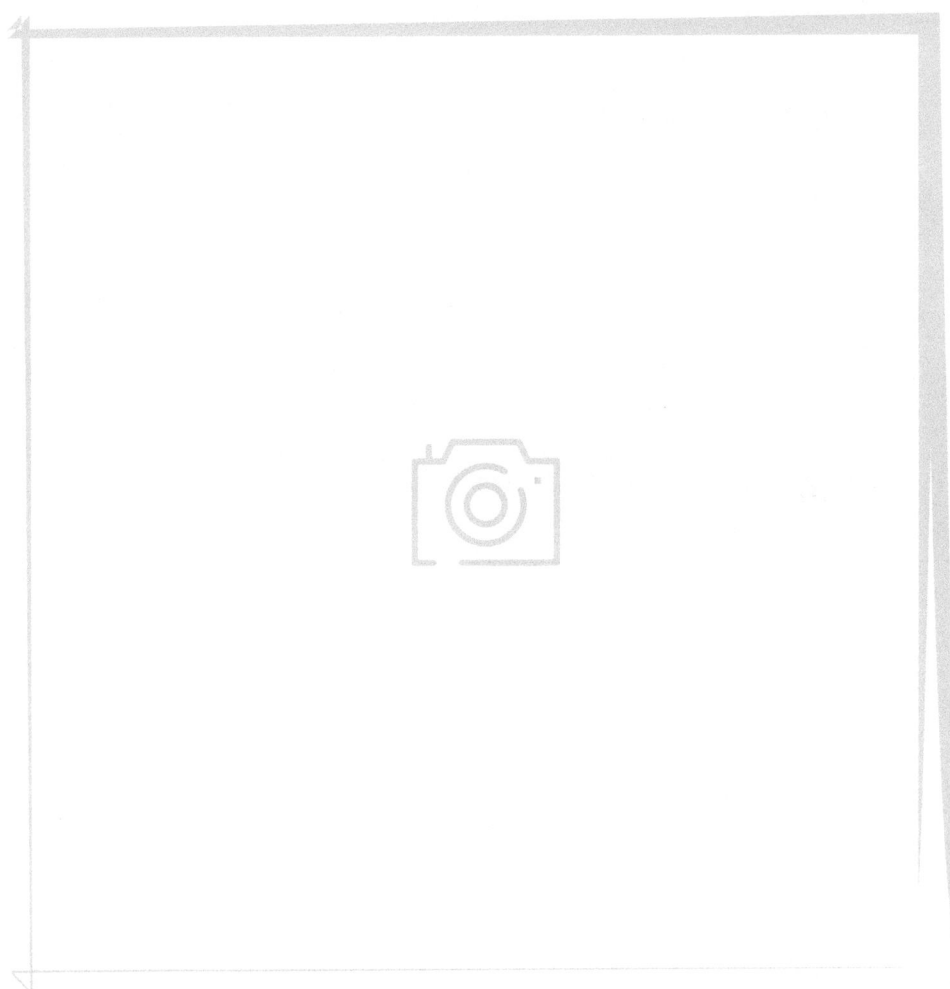

Mein Mikroabenteuer   ○ 😍   ○ 🙂   ○ 😐   ○ ☹️

Welches Abenteuer habe ich erlebt? ....

Zeitraum ....

Wetter   ○ ☀️   ○ ⛅   ○ ☁️   ○ 🌧️   ○ ⚡   ○ ❄️

Start ....

Ziel ....

Wer war dabei? Welche Erlebnisse sind besonders erwähnenswert?

....

....

....

Mein Mikroabenteuer   ○ 😍   ○ ☺   ○ 😐   ○ ☹

Welches Abenteuer habe ich erlebt?

Zeitraum

Wetter   ○ ☀   ○ ⛅   ○ ☁   ○ 🌧   ○ ⚡   ○ ❄

Start

Ziel

Wer war dabei? Welche Erlebnisse sind besonders erwähnenswert?

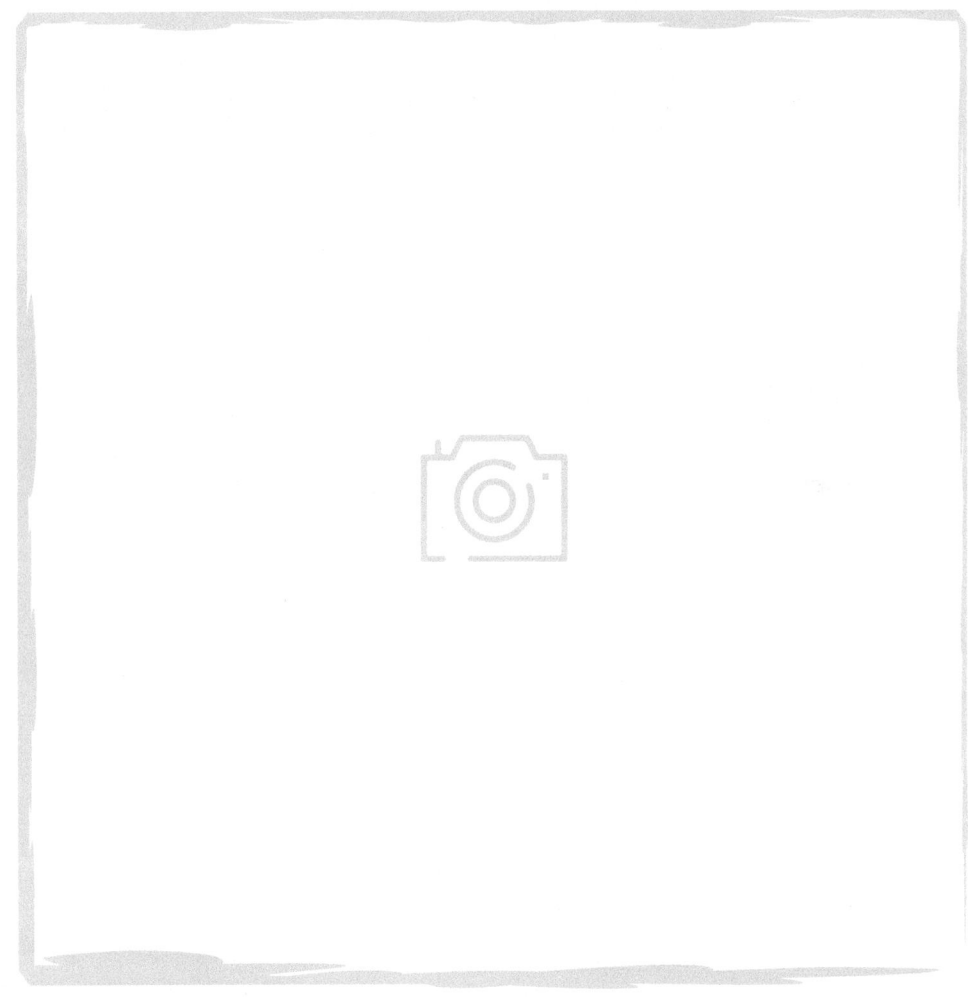

Mein Mikroabenteuer ○ 😍 ○ 🙂 ○ 😐 ○ 🙁

Welches Abenteuer habe ich erlebt?

Zeitraum

Wetter   ○ ☀ ○ ⛅ ○ ☁ ○ 🌧 ○ ⚡ ○ ❄

Start

Ziel

Wer war dabei? Welche Erlebnisse sind besonders erwähnenswert?

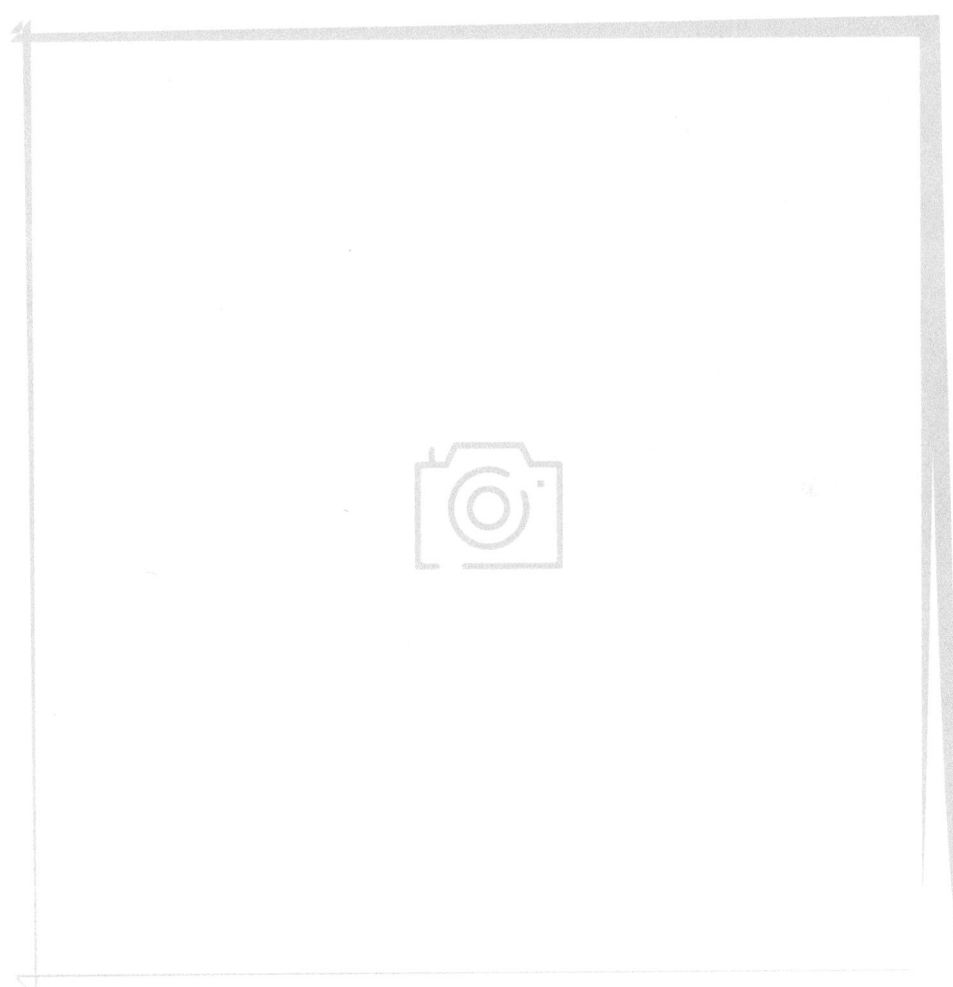

Mein Mikroabenteuer   ○ 😍   ○ 🙂   ○ 😐   ○ 🙁

Welches Abenteuer habe ich erlebt?

Zeitraum

Wetter   ○ ☀   ○ ⛅   ○ ☁   ○ 🌧   ○ ⚡   ○ ❄

Start

Ziel

Wer war dabei? Welche Erlebnisse sind besonders erwähnenswert?

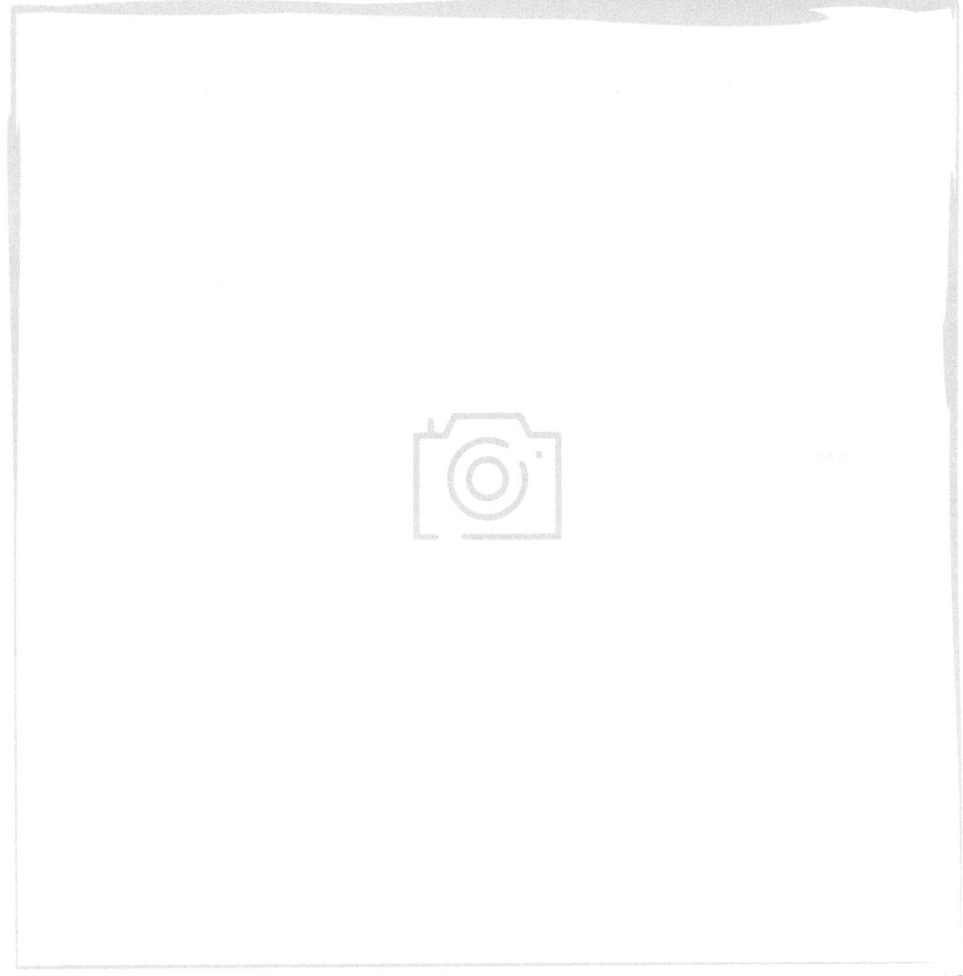

Mein Mikroabenteuer ○ 😍 ○ 🙂 ○ 😐 ○ ☹️

Welches Abenteuer habe ich erlebt? ....

Zeitraum ....

Wetter ○ ☀️ ○ ⛅ ○ ☁️ ○ 🌧️ ○ ⚡ ○ ❄️

Start ....

Ziel ....

Wer war dabei? Welche Erlebnisse sind besonders erwähnenswert?

....

....

Mein Mikroabenteuer ○ 😍 ○ 🙂 ○ 😐 ○ 🙁

Welches Abenteuer habe ich erlebt? _____

Zeitraum _____

Wetter   ○ ☀   ○ ⛅   ○ ☁   ○ 🌧   ○ ⚡   ○ ❄

Start _____

Ziel _____

Wer war dabei? Welche Erlebnisse sind besonders erwähnenswert?

_____

_____

_____

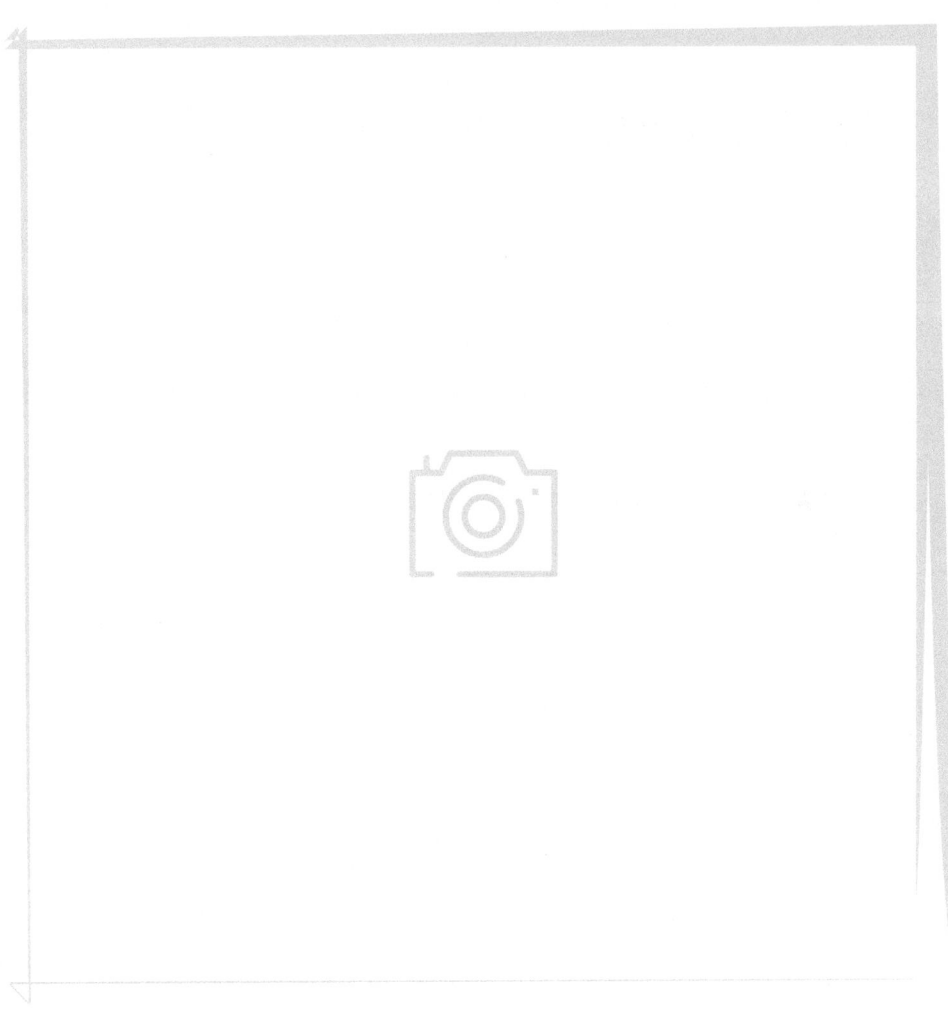

Mein Mikroabenteuer ○ 😍 ○ ☺ ○ 😐 ○ ☹

Welches Abenteuer habe ich erlebt?

Zeitraum

Wetter ○ ☀ ○ ⛅ ○ ☁ ○ 🌧 ○ ⚡ ○ ❄

Start

Ziel

Wer war dabei? Welche Erlebnisse sind besonders erwähnenswert?

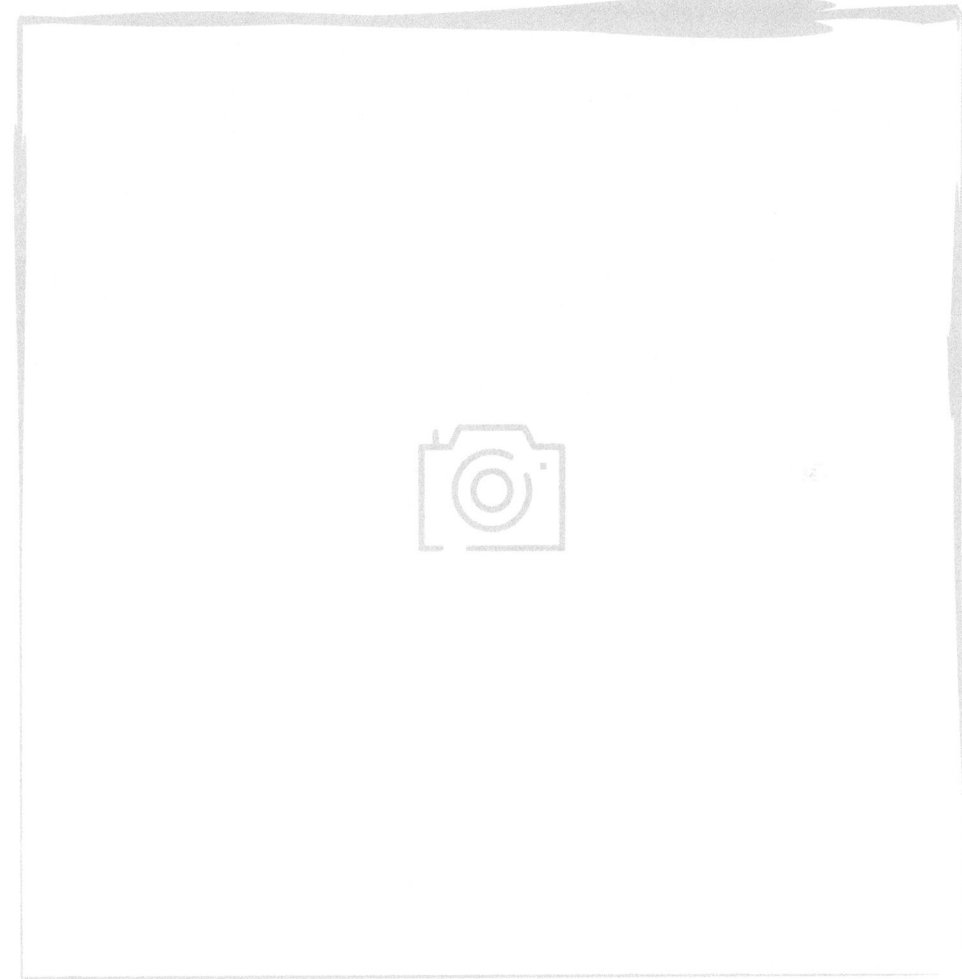

Mein Mikroabenteuer ○ 😍 ○ ☺ ○ 😐 ○ ☹

Welches Abenteuer habe ich erlebt? ....

Zeitraum ....

Wetter   ○ ☀   ○ ⛅   ○ ☁   ○ 🌧   ○ ⚡   ○ ❄

Start ....

Ziel ....

Wer war dabei? Welche Erlebnisse sind besonders erwähnenswert?

....

....

Mein Mikroabenteuer ○ 😍 ○ 🙂 ○ 😐 ○ 🙁

Welches Abenteuer habe ich erlebt? _____

Zeitraum _____

Wetter   ○ ☀️   ○ 🌤️   ○ ☁️   ○ 🌧️   ○ ⚡   ○ ❄️

Start _____

Ziel _____

Wer war dabei? Welche Erlebnisse sind besonders erwähnenswert?

_____

_____

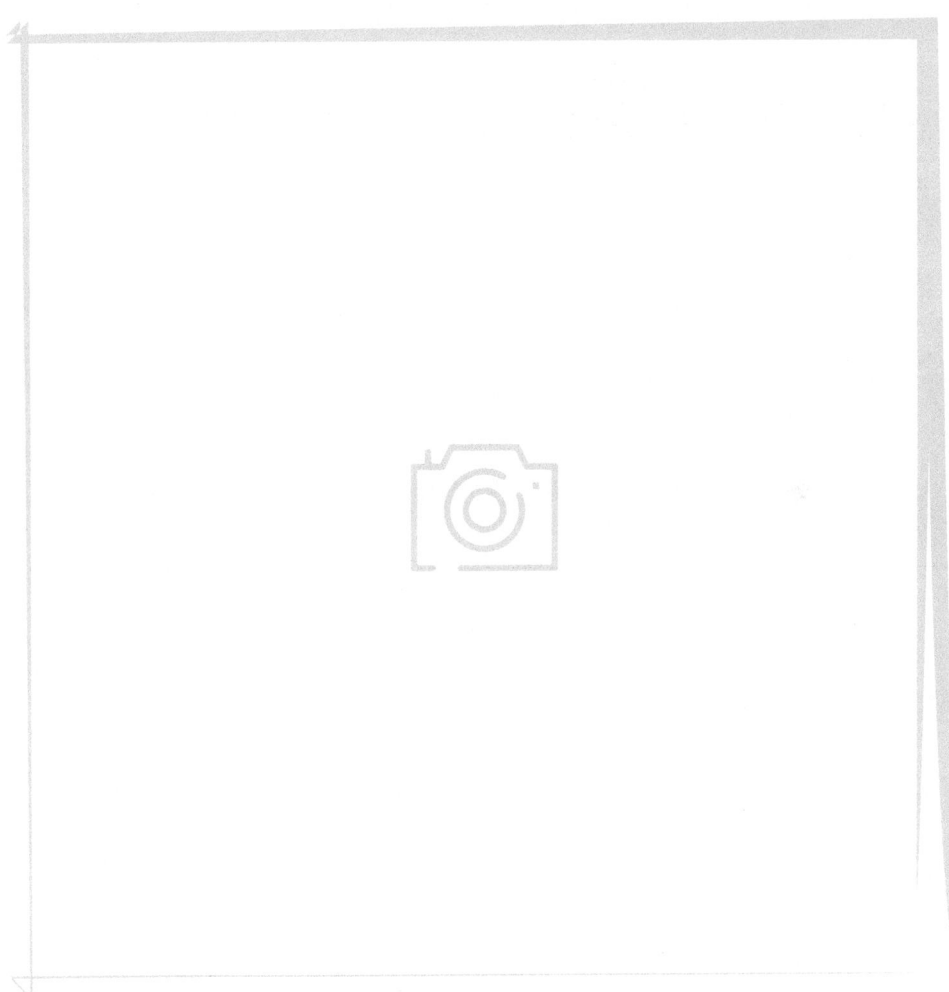

Mein Mikroabenteuer ○ 😍 ○ ☺ ○ 😐 ○ ☹

Welches Abenteuer habe ich erlebt? _____

Zeitraum _____

Wetter   ○ ☀   ○ 🌤   ○ ☁   ○ 🌧   ○ ⚡   ○ ❄

Start _____

Ziel _____

Wer war dabei? Welche Erlebnisse sind besonders erwähnenswert?

_____

_____

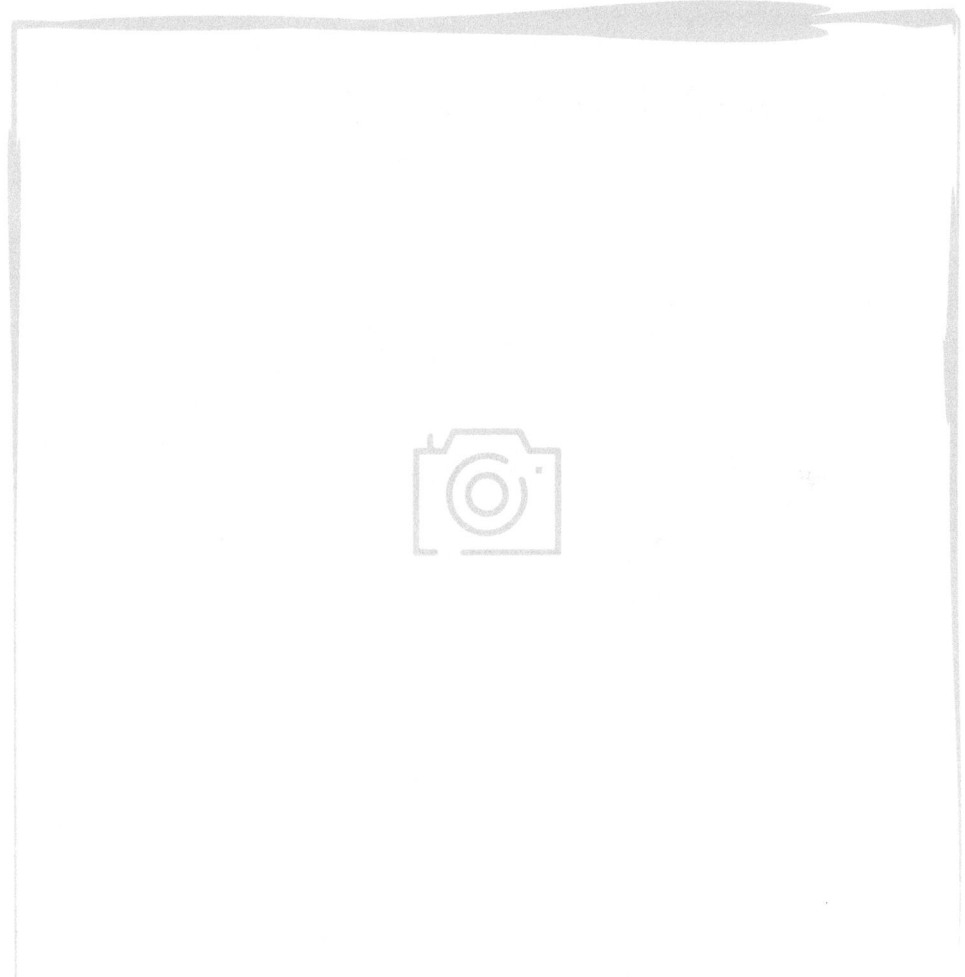

Mein Mikroabenteuer   ○ 😍   ○ ☺   ○ 😐   ○ ☹

Welches Abenteuer habe ich erlebt? _____

Zeitraum _____

Wetter   ○ ☀   ○ 🌤   ○ ☁   ○ 🌧   ○ ⚡   ○ ❄

Start _____

Ziel _____

Wer war dabei? Welche Erlebnisse sind besonders erwähnenswert?

_____

_____

_____

Mein Mikroabenteuer ○ 😍   ○ 🙂   ○ 😐   ○ 🙁

Welches Abenteuer habe ich erlebt? ....

Zeitraum ....

Wetter   ○ ☀   ○ 🌤   ○ ☁   ○ 🌧   ○ ⚡   ○ ❄

Start ....

Ziel ....

Wer war dabei? Welche Erlebnisse sind besonders erwähnenswert?

....

....

....

....

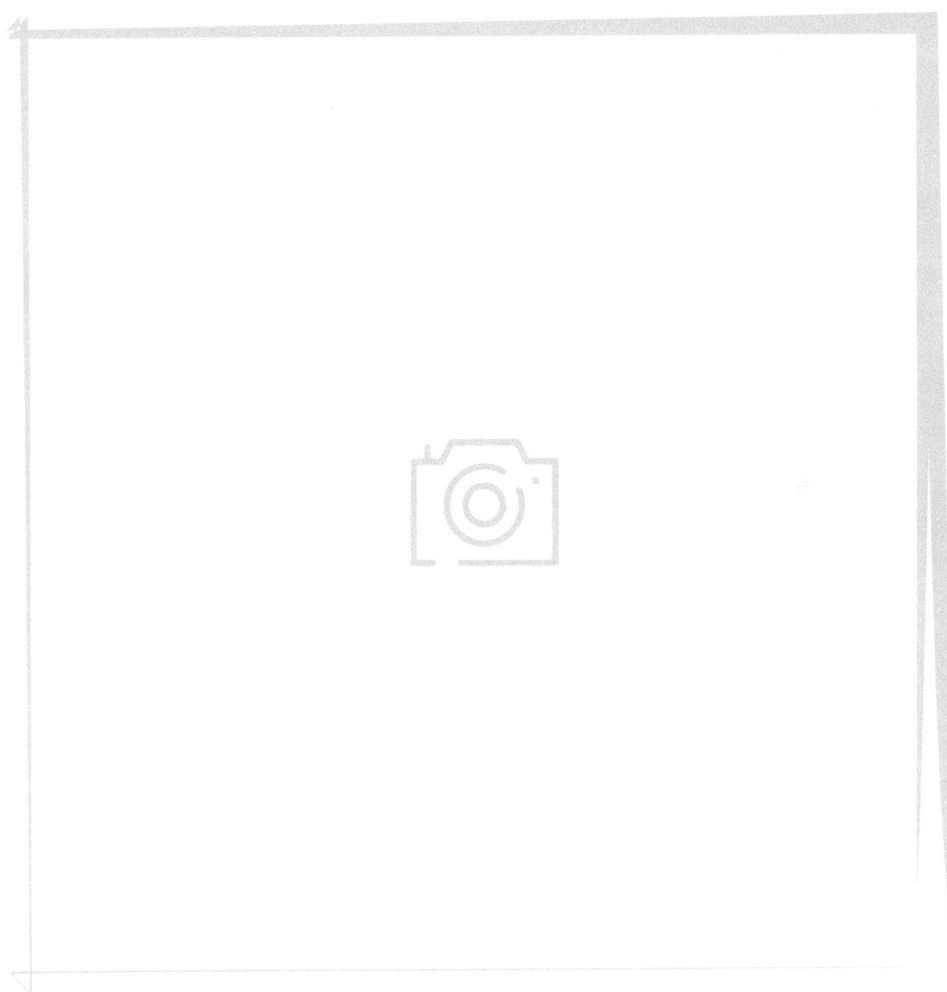

Mein Mikroabenteuer ○ 😍   ○ 🙂   ○ 😐   ○ 🙁

Welches Abenteuer habe ich erlebt?

Zeitraum

Wetter ○ ☀ ○ ⛅ ○ ☁ ○ 🌧 ○ ⚡ ○ ❄

Start

Ziel

Wer war dabei? Welche Erlebnisse sind besonders erwähnenswert?

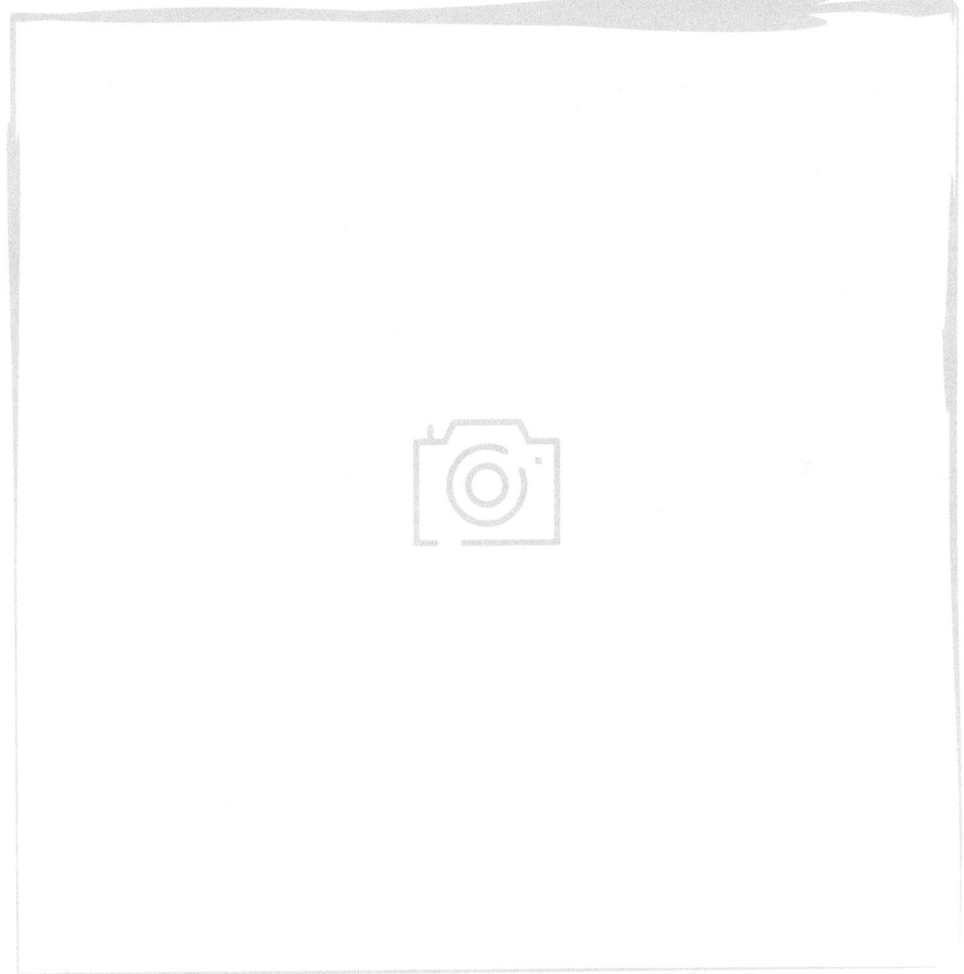

Mein Mikroabenteuer   ○ 😍   ○ 🙂   ○ 😐   ○ ☹️

Welches Abenteuer habe ich erlebt? ....

Zeitraum ....

Wetter   ○ ☀   ○ ⛅   ○ ☁   ○ 🌧   ○ ⚡   ○ ❄

Start ....

Ziel ....

Wer war dabei? Welche Erlebnisse sind besonders erwähnenswert?

....

....

Mein Mikroabenteuer ○ 😍 ○ ☺ ○ 😐 ○ ☹

Welches Abenteuer habe ich erlebt? ....

Zeitraum ....

Wetter   ○ ☀ ○ ⛅ ○ ☁ ○ 🌧 ○ ⚡ ○ ❄

Start ....

Ziel ....

Wer war dabei? Welche Erlebnisse sind besonders erwähnenswert?

....

....

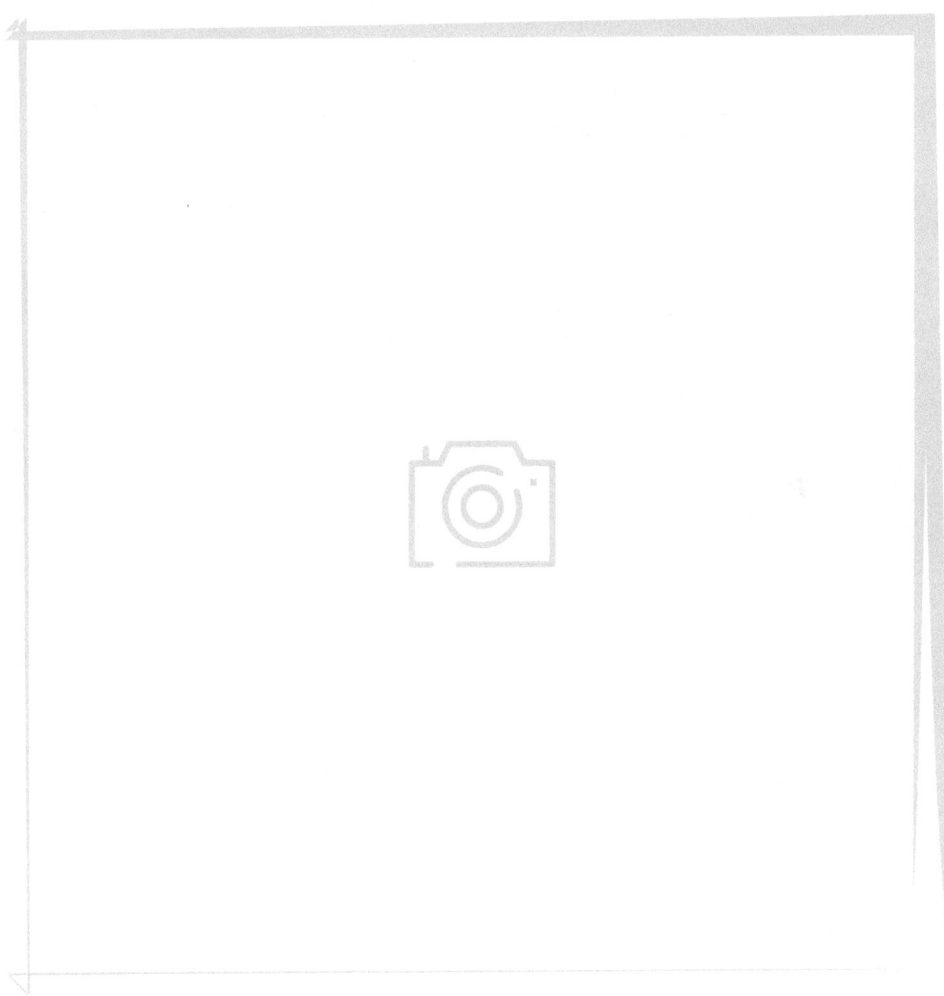

Mein Mikroabenteuer ○ 😍 ○ 🙂 ○ 😐 ○ ☹️

Welches Abenteuer habe ich erlebt?

Zeitraum

Wetter ○ ☀️ ○ ⛅ ○ ☁️ ○ 🌧️ ○ ⚡ ○ ❄️

Start

Ziel

Wer war dabei? Welche Erlebnisse sind besonders erwähnenswert?

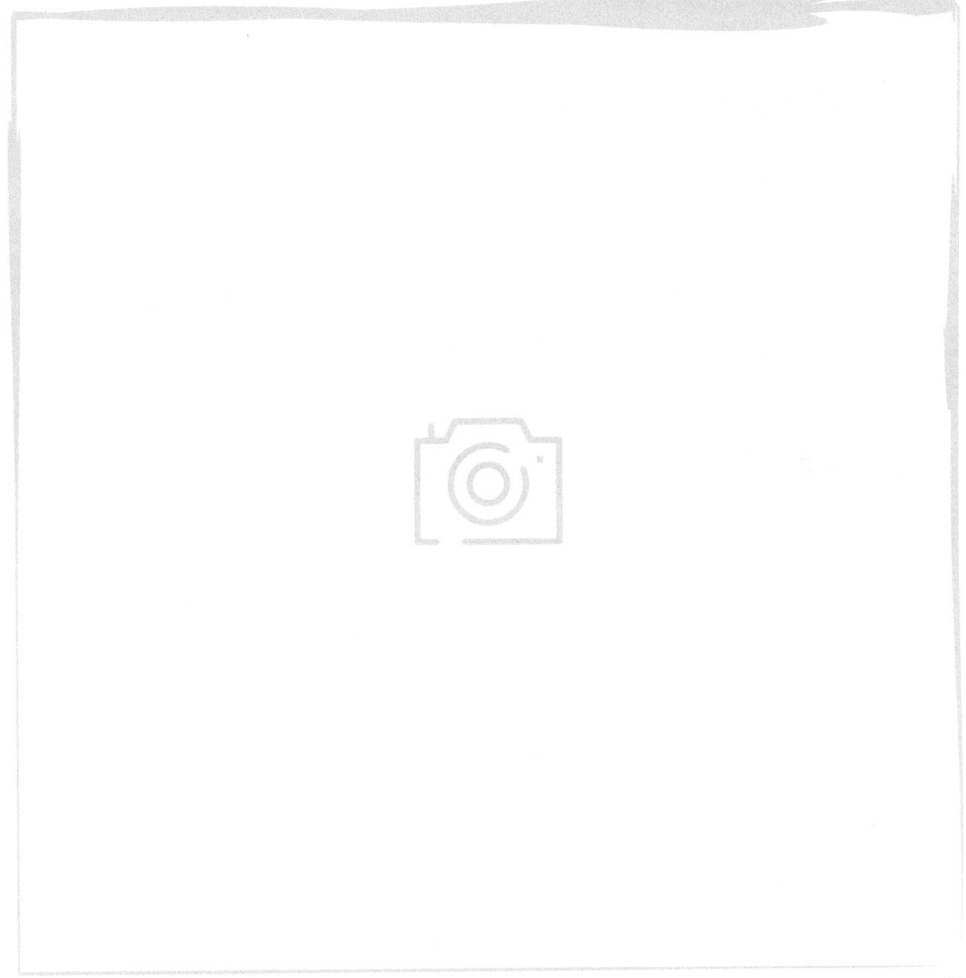

89

Mein Mikroabenteuer ○ 😍 ○ 🙂 ○ 😐 ○ 🙁

Welches Abenteuer habe ich erlebt?

Zeitraum

Wetter ○ ☀ ○ 🌤 ○ ☁ ○ 🌧 ○ ⚡ ○ ❄

Start

Ziel

Wer war dabei? Welche Erlebnisse sind besonders erwähnenswert?

Mein Mikroabenteuer ○ 😍 ○ ☺ ○ 😐 ○ ☹

Welches Abenteuer habe ich erlebt? ....

Zeitraum ....

Wetter   ○ ☀   ○ ⛅   ○ ☁   ○ 🌧   ○ ⚡   ○ ❄

Start ....

Ziel ....

Wer war dabei? Welche Erlebnisse sind besonders erwähnenswert?

....

....

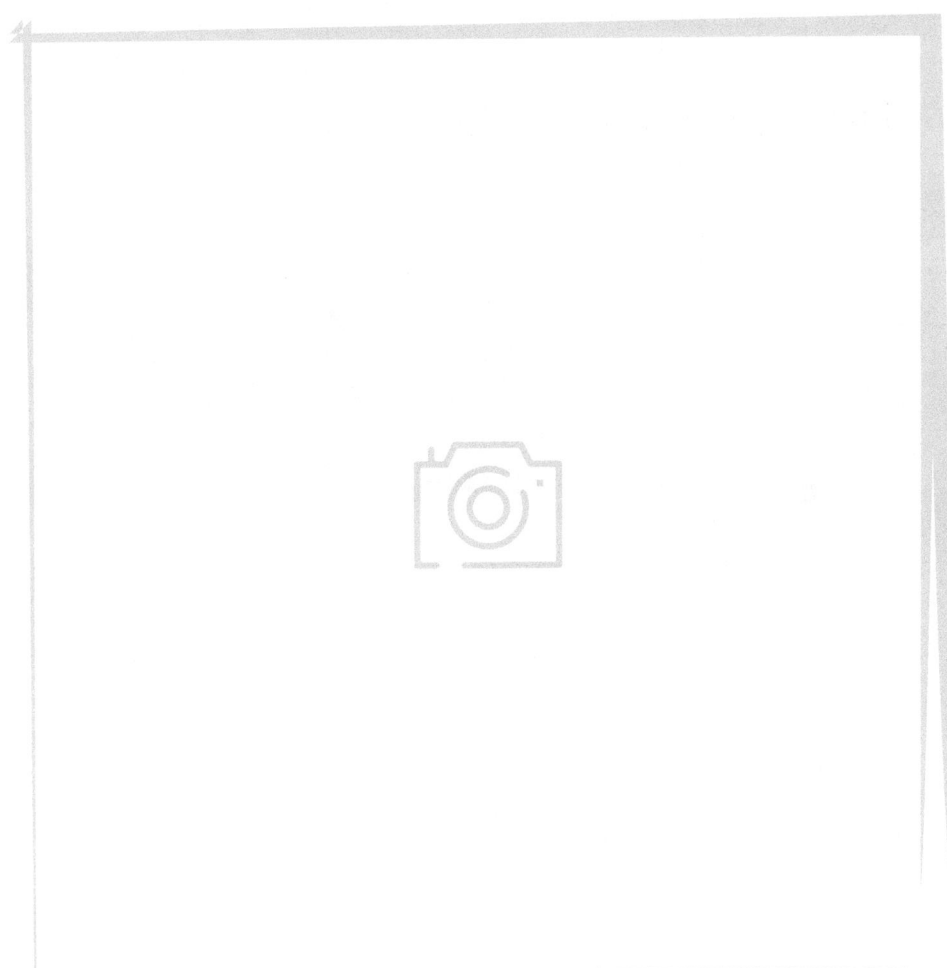

Mein Mikroabenteuer ○ 😍   ○ 🙂   ○ 😐   ○ 🙁

Welches Abenteuer habe ich erlebt? _____

Zeitraum _____

Wetter   ○ ☀   ○ 🌤   ○ ☁   ○ 🌧   ○ ⚡   ○ ❄

Start _____

Ziel _____

Wer war dabei? Welche Erlebnisse sind besonders erwähnenswert?

_____

_____

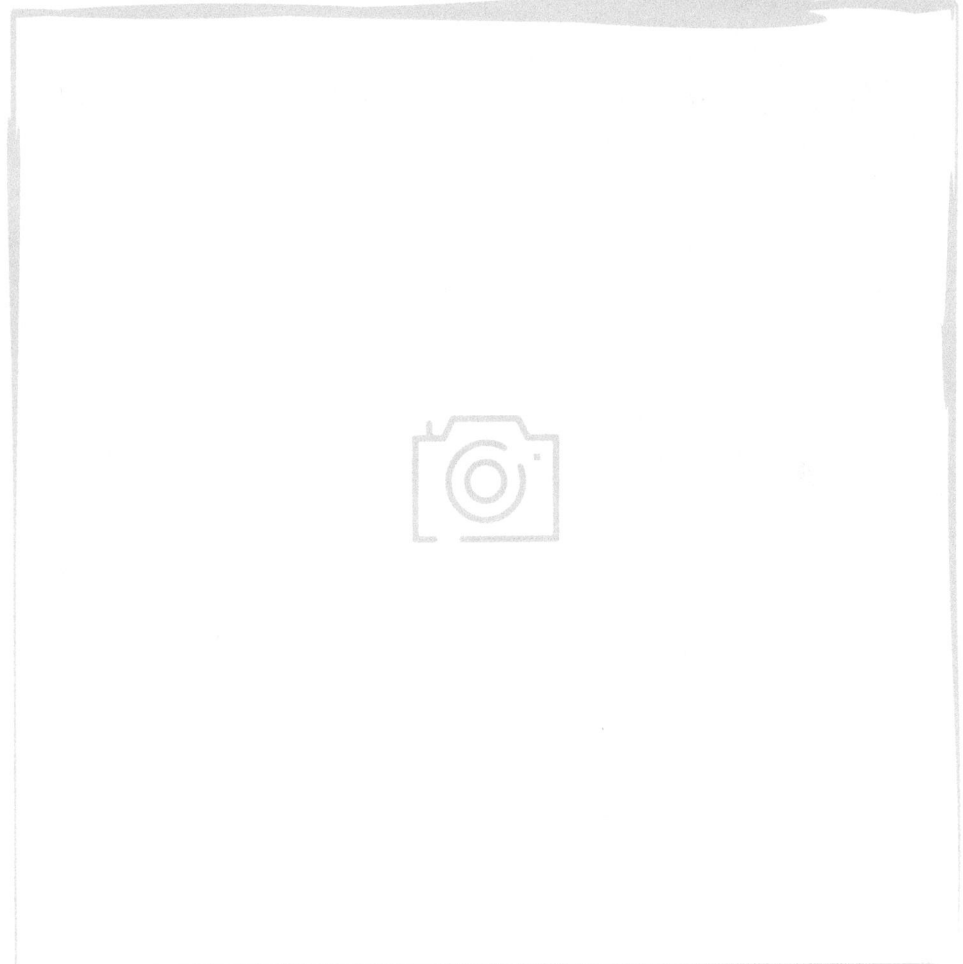

Mein Mikroabenteuer ○ 😍 ○ 🙂 ○ 😐 ○ ☹️

Welches Abenteuer habe ich erlebt?

Zeitraum

Wetter   ○ ☀️   ○ 🌤️   ○ ☁️   ○ 🌧️   ○ ⚡   ○ ❄️

Start

Ziel

Wer war dabei? Welche Erlebnisse sind besonders erwähnenswert?

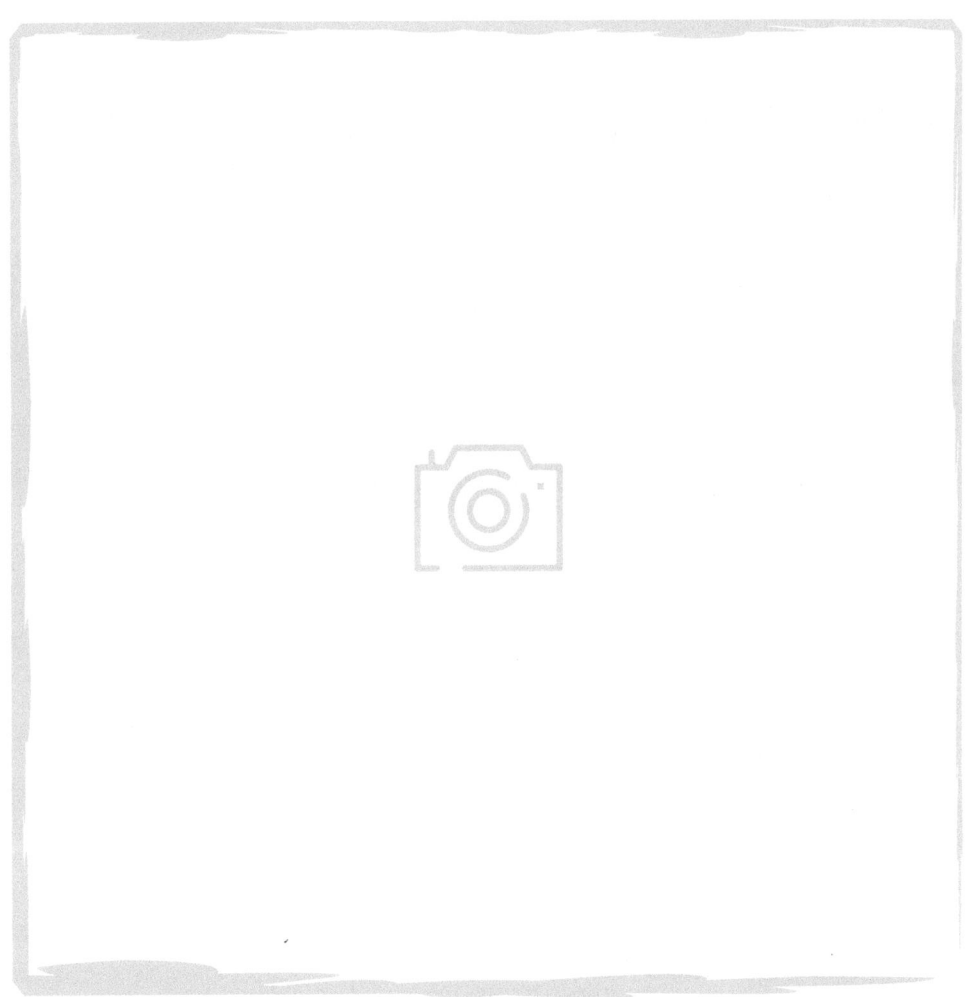

97

Mein Mikroabenteuer ○ 😍 ○ ☺ ○ 😐 ○ ☹

Welches Abenteuer habe ich erlebt? ....

Zeitraum ....

Wetter   ○ ☀   ○ ⛅   ○ ☁   ○ 🌧   ○ ⚡   ○ ❄

Start ....

Ziel ....

Wer war dabei? Welche Erlebnisse sind besonders erwähnenswert?

....

....

....

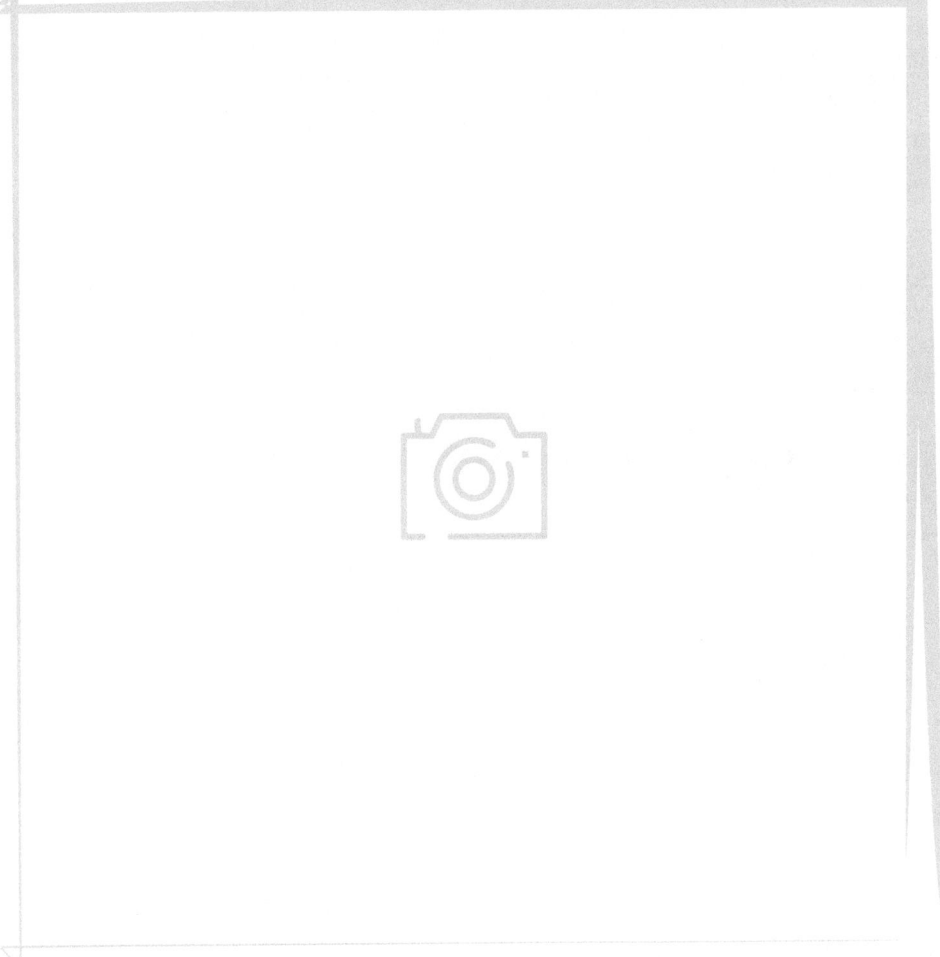

Mein Mikroabenteuer ○ 😎 ○ 🙂 ○ 😐 ○ 🙁

Welches Abenteuer habe ich erlebt? _____

Zeitraum _____

Wetter ○ ☀ ○ 🌤 ○ ☁ ○ 🌧 ○ ⚡ ○ ❄

Start _____

Ziel _____

Wer war dabei? Welche Erlebnisse sind besonders erwähnenswert?

_____

_____

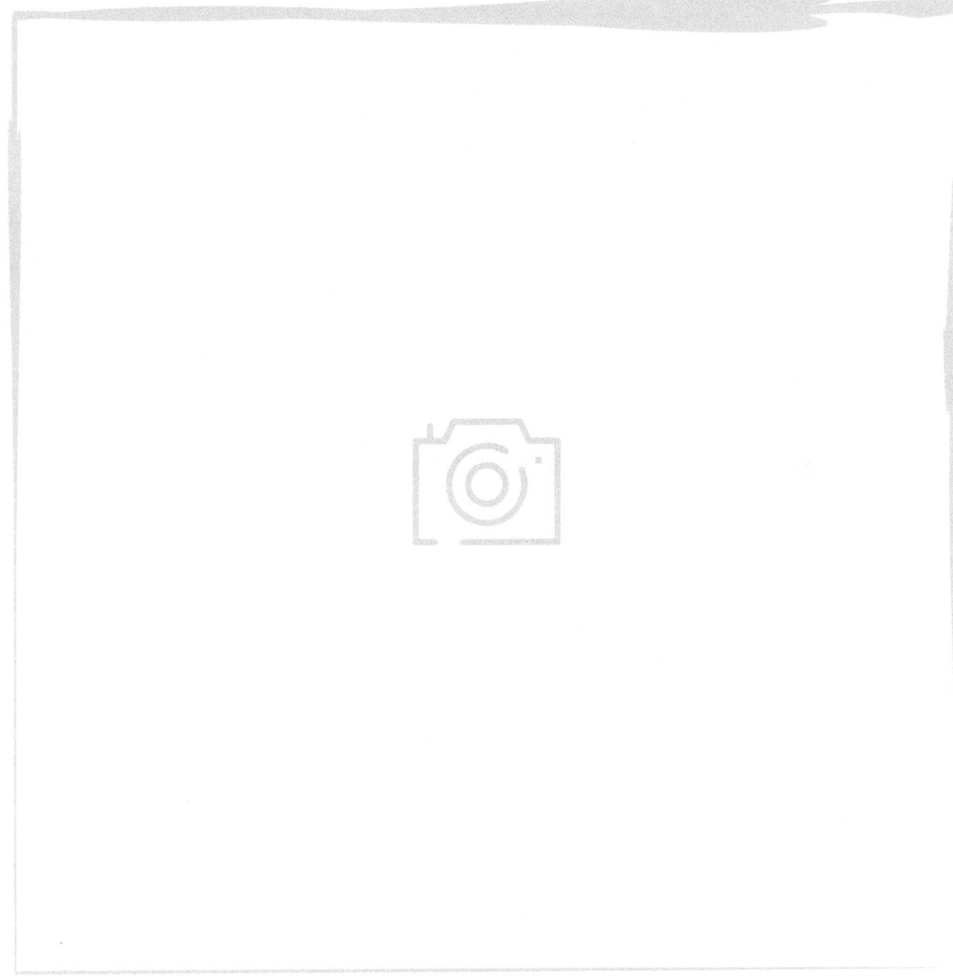

Mein Mikroabenteuer   ○ 😍   ○ 🙂   ○ 😐   ○ ☹️

Welches Abenteuer habe ich erlebt?

Zeitraum

Wetter   ○ ☀️   ○ 🌤️   ○ ☁️   ○ 🌧️   ○ ⚡   ○ ❄️

Start

Ziel

Wer war dabei? Welche Erlebnisse sind besonders erwähnenswert?

Mein Mikroabenteuer   ○ 😎   ○ ☺   ○ 😐   ○ ☹

Welches Abenteuer habe ich erlebt?

Zeitraum

Wetter   ○ ☀   ○ 🌤   ○ ☁   ○ 🌧   ○ ⚡   ○ ❄

Start

Ziel

Wer war dabei? Welche Erlebnisse sind besonders erwähnenswert?

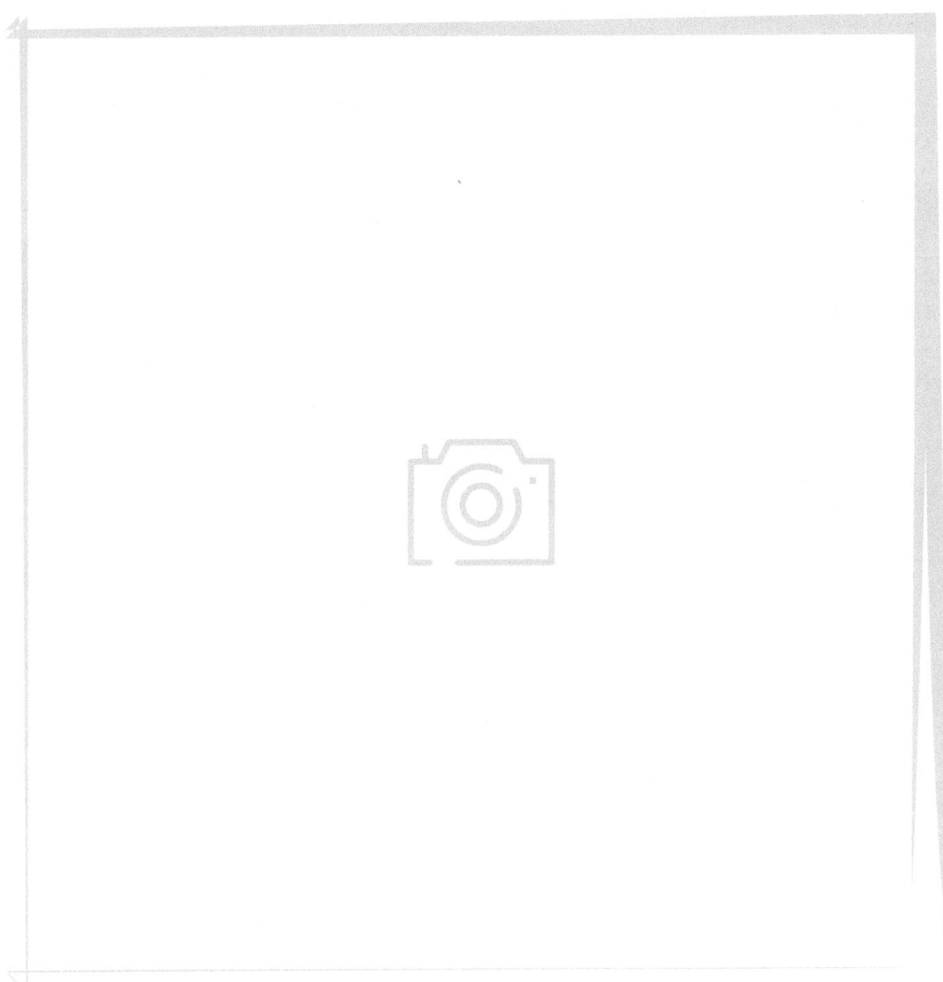

Mein Mikroabenteuer ○ 😍　○ ☺　○ 😐　○ ☹

Welches Abenteuer habe ich erlebt?

Zeitraum

Wetter　　○ ☀　○ ⛅　○ ☁　○ 🌧　○ ⚡　○ ❄

Start

Ziel

Wer war dabei? Welche Erlebnisse sind besonders erwähnenswert?